SMOOTHIE *Bowls*

Power-Start
in den Tag!

CREATISSIMO
EINFACH.SELBER.MACHEN.

Tanja Dusy

Fotos von
Klaus-Maria Einwanger

EIN BUCH DER
EDITION MICHAEL FISCHER

IMPRESSUM

Bibliografische Information der Deutschen Bibliothek.

Die Deutsche Bibliothek verzeichnet diese Publikation in der deutschen Nationalbibliografie. Detaillierte bibliografische Daten sind im Internet über http://www.d-nb.de/ abrufbar.

EIN BUCH DER EDITION MICHAEL FISCHER

1. Auflage 2016

© 2016 Edition Michael Fischer GmbH, Igling

Covergestaltung, Illustrationen und Layout: Leeloo Molnár
Produktmanagement und Lektorat: Annika Christof
Fotos: Klaus-Maria Einwanger, Rosenheim

ISBN 978-3-86355-456-9

Printed in Czech Republic

www.emf-verlag.de

REZEPTE

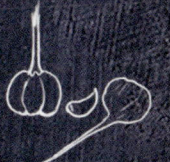

DIE GRUNDLAGEN

EINFACH BESSER ESSEN

Gesünder essen, mehr Vitamine, Obst und Gemüse, weniger Süßes ... Klingt gut, aber ganz schön anstrengend. Lieber erst morgen damit anfangen ... Nein, am besten gleich heute und zwar schon morgens beim Frühstücken!

DAS FITNESS-FRÜHSTÜCK

Smoothie Bowls sind eine fantastische Möglichkeit, den Tag mit einer frischen, ausgewogenen Mahlzeit zu starten. Sie sind im Handumdrehen im Mixer gemacht und halten richtig lange satt. Wie beim klassischen Smoothie bilden frisches Obst und Gemüse die Grundlage. Ergänzt durch Nüsse, Samen und Getreide, wird daraus aber ein Rund-um-Power-Paket, das richtig fit macht. Hier darf genüsslich gelöffelt, geknuspert und geknabbert werden! Morgenmuffel können Smoothie und Topping übrigens getrennt einpacken und sich einen smoothen Snack im Büro gönnen.

GREEN POWER

Rohkost vor allem in Form von Obst und Gemüse liefert jede Menge Nähr- und Mineralstoffe, vor allem aber auch Enzyme und sekundäre Pflanzenstoffe, die als Antioxidantien wirksamen Schutz gegen freie Radikale bieten. Das bringt Energie, lässt Stress besser bewältigen, fördert das Zellwachstum und die Regenerationsfähigkeit. Wer darauf setzt und gleichzeitig möglichst auf Zucker und industriell verarbeitete Lebensmittel verzichtet, tut sich und seinem Körper Gutes. Und so ist die Smoothie-Schüssel am Morgen der perfekte Einstieg in ein fitteres, gesünderes Leben voller Energie.

THE EASY WAY

Gutes kann so einfach sein: Alles, was Sie für den Start in einen vitaleren Alltag brauchen und worauf es beim Zusammenstellen Ihrer Smoothie Bowl ankommt, finden Sie auf den nächsten Seiten beschrieben.

DIE GERÄTE

Wer einsteigen will, kommt bei den meisten Rezepten erst einmal mit einem normalen Haushaltsmixer (bis etwa 1000 Watt und unter 20.000 Umdrehungen pro Minute) zurecht: Der reicht für Smoothies aus Obst und weichen Gemüsesorten und püriert eben mehr oder weniger fein. Für die richtig cremige Konsistenz und vor allem zum Zerkleinern von harten Gemüsesorten wie Grünkohl und Wurzelgemüse oder Nüssen braucht es allerdings einen Hochleistungsmixer. Erst damit ist auch das vollständige Aufbrechen der Pflanzenzellstruktur und damit die optimale Freisetzung aller Nährstoffe gewährleistet. Derartige Geräte, wie z. B. der Revoblend® RB 500 (siehe S. 48), sind hier mit über 35.000 Umdrehungen pro Minute ideal und eine lohnende Investition. Sie halten auch bei täglicher Nutzung, was sie versprechen (hier beim Kauf auch auf die Garantie achten).

DIE KOMBI MACHT'S

Smoothie Bowls sind immer eine Kombination aus einem cremigen, nicht zu flüssigen Smoothie und einem Topping, das eine Ergänzung und einen möglichst interessanten Kontrast zum Darunter bildet. Unten wird gelöffelt und oben kräftig geknuspert! Das macht die Bowls zu einer richtigen kleinen Mahlzeit. Für den perfekten Mix gilt: Süße Frucht-Smoothies werden ideal durch säuerliche Früchte, herbere Obst-Gemüse-Kombis durch süße Trockenfrüchte oder kalorienarmes Fruchtpüree durch üppige Nüsse ergänzt.
Die Rezeptvorschläge im Buch sind dementsprechend zusammengestellt und sollen als Anregung zu eigenen Kombinationsideen dienen. Und natürlich können Sie auch jederzeit mit anderen Zutaten aus Ihrem Vorratsschrank experimentieren und für die nötige Abwechslung sorgen. Machen Sie Ihr Frühstück so zum Highlight des Tages!

DIE ZUTATEN

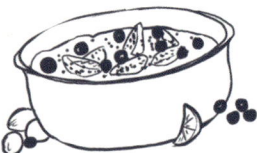

OBST UND GEMÜSE

Ganz klar für mich: Salat, wenn auch in flüssiger Form, schon zum Frühstück muss nicht unbedingt sein. Daher sind die Rezepte meist eine Kombi aus süßem Obst und Gemüse. Ein bisschen Obst, eine Dattel oder ein Löffel Ahornsirup sind genau das passende Seelenfutter in der Früh und richtig kombiniert gerade nur so süß, dass sie den Insulinspiegel nicht zu sehr pushen und den Heißhunger auf mehr Zucker wecken. Das ist gut fürs Gemüt und für die schlanke Linie.

HAUPTSACHE FRISCH

Frisch sollte beides sein: Obst und Gemüse, bevorzugt regionale und saisonale Sorten, die richtig reif und ohne lange Transportumwege noch voller Vitamine in Ihrer Küche landen. Die Favoriten, was Cremigkeit in den Smoothies angeht, sind allerdings leider Exoten, allen voran Banane, Mango oder Avocado.

ECHT COOL

Tiefgekühlte Früchte (vor allem Beeren) haben nicht nur den Vorteil, dass sie immer erhältlich sind, sondern dass sie dem Smoothie eine besonders schöne, eiscremeartige Konsistenz verleihen. Wer will, kann auch frische Früchte vor dem Pürieren kurz ins Gefrierfach legen oder Fruchtreste einfrieren und beim nächsten Mal mit verwerten.

DER KNUSPER-FAKTOR

Puristen löffeln ihre Smoothie Bowl einfach so. Ein richtiges Geschmacks- und Gesundheitsplus sind zusätzlich aufgestreute Getreideflocken, Nüsse, Samen oder getrocknete Früchte. Hier hat man eine breite Auswahl von heimischen Produkten, wie z. B. Haselnüssen, Mandeln oder Sonnenblumenkernen bis hin zu angesagtem Superfood wie Chiasamen, Goji-Beeren oder Kakaonibs. Wer sich nicht entscheiden kann, nimmt einfach selbst gemachtes Granola – passt immer und schmeckt super!

DAS PASST-IMMER-SUPER-KNUSPER-GRANOLA

80 g Mandeln
150 g Flocken (z. B. Dreikorn-,
Hafer- oder Dinkelflocken)
25 g Sonnenblumenkerne
25 g Sesamsamen
25 g Hanfsamen
25 g Leinsamen
30 g Kokosraspel
¼ TL Zimtpulver
2 Msp. gemahlener Ingwer
2 Msp. Kardamom
4 EL Honig oder Ahornsirup
3 EL Sonnenblumenöl
50 g Cranberrys oder Goji-Beeren,
nach Belieben

Arbeit macht es fast keine: Nur den
Ofen auf 180 °C vorheizen.

Inzwischen die Mandeln mit einem
großen Messer in grobe Stücke schnei-
den (halbieren oder dritteln reicht).

Zusammen mit den Flocken, Kernen,
Samen, Raspeln und Gewürzen in einer
Schüssel gut mischen. Honig oder
Ahornsirup und Öl darübergießen und
mit einem Löffel oder den Händen alles
gut vermischen, bis die Masse richtig
schön klebrig ist.

Das Ganze auf ein mit Backpapier ausge-
legtes Blech geben und mit einem Löffel
gleichmäßg über die ganze Blechbreite
flach verteilen. Im heißen Ofen (mittlere
Schiene, Umluft 160 °C) 20–25 Minuten
backen, bis alles schön dunkel gebräunt
ist und duftet. Dabei eventuell ein- bis
zweimal ein wenig durchrühren.

Das Backblech herausnehmen und das
geröstete Granola auf dem Blech voll-
ständig abkühlen lassen, eventuell noch
einmal durchrühren, damit es nicht
verklumpt (manche mögen aber auch
gerade größere Stücke). Zuletzt nach
Wunsch die Früchte unterrühren und
alles in ein verschließbares Glas füllen

White Star ☆

Ganz in Weiß und garantiert besser als jeder Schoko-Kokos-Riegel – die Kakaonibs obendrauf sind nicht nur echtes Super-Power-food, sondern sorgen noch dazu für den Super-Knusper-faktor.

Topping

1 Baby-Ananas

2 EL Kokosspäne

3 getrocknete Datteln

1 EL Kakaonibs

MARK EINER ½ VANILLESCHOTE

200 ML KOKOS-REIS-DRINK

1 große banane

2 EL Kokosflocken

2 EL Haferflocken

1 EL CHIASAMEN

NACH BELIEBEN: 1–2 TL AGAVENDICKSAFT

Capri-Sonne

Sonnenreife gelbe Pfirsiche mit cremigem Mandelmus schmecken nach Süden pur. Die Bowl macht bei
sommerlichen Temperaturen angenehm satt und ist
trotzdem herrlich leicht. Der Sommer kann kommen!

Topping

2 EL Mandeln

½ gewürfelte Mango

1 Handvoll Brombeeren

nach Belieben:
1 EL Honig oder Ahornsirup

1 EL Pistazien

3 EL FÜNFKORN-FLOCKEN

1 TL Honig

2 EL Mandelmus

½ MANGO

SAFT EINER ½ ORANGE

2 gelbe Pfirsiche oder Nektarinen

11

Rosa ELEFANT

Einfach riesig, auch für kleine Leute. Und Eltern
können damit frische Beeren und Joghurt prima
rosa verpacken. Mit Müsli obendrauf schmeckt
es garantiert auch jedem Obstverweigerer.

Topping

3 EL Knusper-Granola
(Rezept siehe S. 7)

frische Minze

gemischte Beeren, z. B.
Erdbeeren, Himbeeren,
Brombeeren oder Heidelbeeren

1 EL Honig

3 EL Joghurt
oder Sojajoghurt

1 kleine Banane

100 G HIMBEEREN

100 G ERDBEEREN

13

INDIAN SUMMER

Reicher Erntesegen: Die besten Herbstfrüchte kommen hier mit knusprigen Nüssen und Roter Bete in den Mixer – das stärkt die Abwehrkräfte und beugt garantiert Schnupfennasen vor.

Topping

2 EL gepoppter Quinoa oder Amarant

1 EL Cranberrys

1 EL Blütenpollen

1 EL Haselnussblättchen

nach Belieben: 1 EL Ahornsirup

14

1/8 L HASELNUSSMILCH

1 kleine
Rote Bete (80 g)

2 EL GETROCKNETE CRANBERRYS

¼ TL Zimt

12 Haselnüsse

10 rote
(oder blaue) Trauben

2 Pflaumen

1 Apfel

(oder 3 Zwetschgen)

15

HELLO, CHARLIE YELLOW!

Wer meint, Peanuts seien Dickmacher für langweilige Couch-Potatoes, irrt gewaltig: Wie andere Nüsse liefern auch Erdnüsse jede Menge Eiweiß und gesunde Fette. Darum: Welcome in the Bowl, Charlie Yellow!

Topping

je 1 gelbe und grüne Kiwi in Scheiben

2 EL Rote Johannisbeeren

1 EL Sesamsamen

1/3 PAPAYA

1/4 TL *gemahlener* KARDAMOM

1EL Erdnusscreme

1 kleine Gelbe (oder Rote) Bete

Saft einer Limette

GROSS

KLEIN

1

Mango

EINE HALBE BANANE

Peppy Paprika

Paprika und Chili geben hier den besonderen Kick, der schon in der Früh voller Power durchstarten lässt. Richtig dosiert und in Kombi mit Frucht und Kokos – das ist peppig, aber nicht zu hot.

Topping

1 Banane in Scheiben

Über die Banane gestreut:

1 EL Chiasamen

1 TL Kokosblütenzucker

1 EL Kokosflocken

1–2 Msp. Paprika- oder Chiliflocken

1 KAKI

½ ORANGE
PAPRIKA

1/2 KLEINE MANGO

2-3 SPRITZER
ZITRONENSAFT

nach Belieben:
1 EL AGAVENDICKSAFT

10 Physalis

Grüne Oase

Wovon träumen durstige Wüstenwanderer? Von frischem Grün, süßen Datteln, Kokospalmen und saftigen Granatäpfeln. Das erfrischt und gibt Energie und Kraft – nicht nur bei langen Fußmärschen.

Topping

2 EL Kokosraspel

10 Pekannusskerne, grob gehackt

3–4 EL Granatapfelkerne

50 G JUNGE GRÜNKOHLBLÄTTER

180 g Kokosmilch

250 g

Ananas,

geschält

3 getrocknete (MEDJOL-)DATTELN

1/2 AVOCADO

PEA FOR TEA

Lieben Sie auch diese hauchdünnen Schoko-Minz-Blättchen? Dann löffeln Sie mal aus dieser Power-Schüssel: proteinreiche Erbsen, erfrischende Minze und Knisper-Knusper-Schokonibs obendrauf!

Topping

½ grüner Apfel, in einen Fächer geschnitten

1 EL Kakaonibs

1 EL gepoppter Amaranth

1 GELBE *oder* GRÜNE KIWI

8 BLÄTTER MINZE

70G TIEFGEFRORENE ERBSEN

1 GROSSE BANANE

Mellow Yellow

Ein Stückchen gesundes grünes Gemüse im gelben Obstbeet, dazu etwas Crisp, Crunch und eine Prise Salziges on top: So wird aus dem biederen Obstsalat ein relaxt-cooles Frühstück.

Topping

2 EL Bananenchips, zerbröselt

1 EL getrocknete Cranberrys

2 EL geröstete gesalzene Erdnüsse

1 Stange
Staudensellerie

1/2 BANANE

eine halbe Mango

1 gelbe KIWI

Saft einer ½ Orange

100g Ananas

25

Pink Salad

Salat zum Löffeln und noch dazu in Quietschrosa?
Prima, und besser als Himbeereis zum Frühstück.
Leckere Superbeeren und Superfoods sorgen noch zu-
sätzlich für Rock 'n' Roll. Wer kann da widerstehen?

Topping

3-4 Erdbeeren

2 EL Chiasamen

2 EL Sonnenblumenkerne

2 EL Heidelbeeren

1 EL LIMETTENSAFT

1 AVOCADO

100 g tiefgefrorene Himbeeren

6 grüne Trauben

5

4

3

2

1

3 Blätter Römersalat

27

ISLAND IN THE SUN

Mango, Banane und Limette – fehlt eigentlich nur noch die Kokosnuss zum tropischen Glück. Die gibt es dann einfach als leckere schwimmende Insel obendrauf. Happy Holiday!

Topping

frische Minze

1 Passionsfrucht

3 EL Kokosjoghurt (vegan)

Saft

EINER
HALBEN
LIMETTE

1

2

3

4

5

6

Erdbeeren

2 Stängel
ZITRONEN-
GRAS

1
Banane

½ MANGO

Pinky Pie

für alle kleinen (und großen) Mädchen, die verrückte bunte Pferde und süße Törtchen lieben: schmeckt wie beeriger Cheesecake und enthält noch dazu nur gesunde Zutaten. Okay, fast nur gesunde!

Topping

1 EL gehackte Pistazien

1 EL Mandelstifte

10 kleine Erdbeeren

2 EL Honig oder Ahornsirup

1 Handvoll Himbeeren

10 tiefgefrorene Erdbeeren

80 g tiefgefrorene Himbeeren

1 EL LIMETTENSAFT

1 Vollkornzwieback

MARK EINER HALBEN VANILLE- SCHOTE

1 kleine Avocado

150 ml Mandelmilch

Lenis Schokischock

Birne Helene reloaded und updated. Oder, wie man
aus einem etwas angestaubten Dessert eine hippe
Frühstücksidee zum Dahinschmelzen bastelt.
PS: Manche mögen's auch zum Nachtisch ...

Topping

½ Birne, klein gewürfelt

2 EL getrocknete Cranberrys

2 EL Kakaonibs

nach Belieben:

1–2 EL Agavendicksaft

1 **B**anane

2 Msp. Zimt

150 ML HASELNUSSMILCH

1 EL roher Kakao

40 g Haselnüsse

½ reife Williamsbirne

33

Blue Velvet

Eine Schönheitscreme, die mal von innen wirkt:
Nicht nur die tropische Acai-Beere hat es in sich;
alle hier versammelten Superbeeren sind prallvoll
mit Antioxidantien und sorgen für samtige Haut.

Topping

2 EL Heidelbeeren

2 EL Granatapfelkerne

2 EL getrocknete
Maulbeeren

50 g tiefgefrorenes
ACAI-PÜREE

SAFT EINER
HALBEN ORANGE

½ zerriebene
Tonkabohne oder
Mark einer ½
Vanilleschote

40 G SAUERKIRSCHEN,
entsteint

nach Belieben:

1 EL Agavendicksaft

1 kleine
BANANE

JE 40 G

Himbeeren,

HEIDELBEEREN,

Brombeeren

Kirschkuss

So möchte man am liebsten jeden Morgen wach geküsst werden:
Kirsche trifft auf Banane, und smoothes Mandelmus verbindet die
beiden in cremiger Zweisamkeit.

Topping

1 EL Kakaonibs

1 EL Mandelstifte

2 EL Amarant-
oder Quinoapops

150g tiefgefrorene
Sauerkirschen
(entsteint)

150 ml
Mandelmilch

1 EL
MANDELMUS

Mark einer
½ Vanilleschote

2 kleine
Bananen

37

Mister Müsli

Müsli mit Gemüse? Aber mit was für einem: Die Power-Wurzel Pastinake liefert nicht nur richtig viel Vitamin C, sondern macht dazu noch lange schön satt.

Topping

1 EL Leinsamen

1 EL Rosinen

1 Handvoll Heidelbeeren

2 EL Haselnussblättchen

3 EL FÜNFKORN-FLOCKEN

2 Msp. Zimtpulver

180 ml Mandelmilch

2 EL ZITRONENSAFT

50 g Pastinake

1 BANANE

1 APFEL

Green *Princess*

Gestatten, Ihre Vitamin-C-reiche Grünheit zum Löffeln
und Sattwerden. Kräuterfrisch, zitronig spritzig und
trotzdem fruchtig adelt sie jeden Frühstückstisch.

Topping

1 EL Chiasamen

1 EL Sesamsamen

1 EL Goji-Beeren

1 Apfel

2 Handvoll Spinat

1 EL ZITRONENSAFT

1 Banane

1 KIWI

6 Stängel Basilikum

IMMERGRÜN

Der hat wirklich das Zeug zum echten Evergreen
für alle, die es lieber herzhaft mögen. Lassen Sie
Käsestulle und Wurstsemmel einfach mal links
liegen, und löffeln Sie grün. Köstlich, nicht?

Topping

nach Belieben:
Shichimi Togarashi
zum Darüberstreuen

2 EL Radieschensprossen

5 Kirschtomaten

2 EL Limettensaft

Salz und Pfeffer

2 Msp. gemahlener Kreuzkümmel

100 G GURKE

60 g Radieschengrün

1/2 BUND KORIANDERGRÜN

1 Avocado

150 G FENCHEL

4 Radieschen

43

Bombay Bowl

Ein paar Löffel Ayurveda gefällig? Kardamom und Safran tun dem Magen gut und machen zusammen mit den Cashews und der süßen Mango gute Laune – genau wie die kunterbunte Obstmischung.

Topping

2 EL Granatapfelkerne

100 g Papaya, klein gewürfelt

1 EL Kokosraspel

50 g
Cashewkerne
(über Nacht in Wasser eingeweicht)

eine kleine
Mango

EIN SPRITZER LIMETTENSAFT

2 Msp.
Safranpulver

eine Banane

1 Msp. GEMAHLENER
KARDAMOM

Goldener Herbst

So trotzt man Herbststürmen und Schnupfen: Mit diesem superbunten Gemüse-Obst-Mix stärken Sie Ihr Immunsystem. Der Winter kann getrost kommen!

Topping

1 Blutorange

2 EL grob gehackte Mandeln

1 EL grob gehackte Pekannüsse

1 EL grob gehackte Pistazien

100 g

1 superreife Kaki

Pastinake

SAFT EINER Orange

2 EL SANDDORNPÜREE

3 Topinamburknollen (ca. 120 g)

1 MSP. ZIMTPULVER

ÜBER DIE AUTORIN

Tanja Dusy fühlt sich am wohlsten, wenn es in der Küche richtig rund geht. Viele Jahre lang arbeitete sie als Kochbuch-Redakteurin und konnte sich auch als Autorin einen Namen machen. Ihr Titel „Smoothie –Obst-Power im Glas" hat sich mittlerweile über 120.000-mal verkauft und gilt als Longseller unter den Smoothie-Büchern. Als Küchenprofi entwickelt Tanja Dusy Rezepte, die nicht nur verlässlich gelingen, sondern auch das besondere Etwas haben. Bei den Smoothie Bowls zeigt sie ein weiteres Mal, wie leicht sich gesundes Essen und Genuss verbinden lassen.

Der **Revoblend RB500** ist der Ferrari unter den Mixern und ideal geeignet für das Zubereiten von Raw-Food-Mahlzeiten und Smoothies. Der Sockel besteht aus hochwertigen Materialien und ist somit sehr belastbar, der Mixbehälter mit zwei Liter Fassungsvermögen ist garantiert bpa-frei, da er aus Tritan-Kunststoff gefertigt wurde. Mit seinen sechs Klingen mit Wellenschliff macht der Revoblend vor nichts halt: Jede Form von Obst, Gemüse, Blattgrün, ja sogar Kerne, Nüsse oder Getreide zerkleinert er zu einer cremigen Masse. Bei 38.000 Umdrehungen pro Minute bleiben aufgrund der kurzen Mixzeit alle wertvollen Nährstoffe erhalten. So ist auch die beliebte Mandelmilch im Handumdrehen selbst hergestellt, und das widerspenstigste Kohlrabi-grün wird fix zum Green Smoothie gemixt.